J'AI ÉTÉ RACKETTÉ

Le racket, un acte de violence

Collection dirigée par Anne de La Roche Saint-André et Brigitte Ventrillon

*J'ai été rackett*é, Autrement Junior "Société",
publié par les Éditions Autrement,
17, rue du Louvre, 75001 Paris
Tél : 01 40 26 06 06 - Fax : 01 40 26 00 26

Direction artistique : Kamy Pakdel, studio Autrement

ISSN : 1269-8733 - ISBN : 2-7467-0056-5
Dépôt légal : 1er trimestre 2001
Photogravure : Quat'Coul, Toulouse
Imprimé et broché en France par Clerc s.a.,
18206 Saint-Amand-Montrond Cedex.

J'AI ÉTÉ RACKETTÉ

Le racket, un acte de violence

Texte de Laudemo

avec une histoire de Marie-Sabine Roger

Illustrations de Cassandre Guibert

AUTREMENT JUNIOR

série "Société"

Nous vivons dans une société dont l'organisation est le fruit d'une histoire et dont le fonctionnement répond à des règles, qui évoluent sans cesse. Ces repères, essentiels pour vivre ensemble, sont présentés dans ce livre dans leur diversité. Des points de vue différents, la connaissance des lois et des usages permettront ainsi à chacun de se construire un avis personnel.

SOMMAIRE

L'HISTOIRE Marie-Sabine Roger

"Bon, tu viens, ou quoi ?"
Mika piétine dans le couloir, d'un air contrarié.
Je range mes affaires dans mon sac, en prenant mon temps. Je remonte lentement le zip de mon blouson. Je suis le dernier, dans la classe. Mika s'énerve.
"Alors ?... Qu'est-ce que tu fous ? On va rater le car !"
Qu'on le rate, ce car ! Qu'on le rate ! On prendra le suivant. C'est pas grave.
Mika souffle, bien fort : "pfff !" Puis il lance :
"Bon, y en a marre ! Moi, je me casse !"
Il s'éloigne. Je lui emboîte le pas, sans entrain. C'est bizarre, la vie, quand même. Si on m'avait dit qu'un jour, j'aurais du mal à quitter une classe !...

Je rattrape Mikaël. Je dis, comme si je venais d'avoir l'idée :
"Si on sortait par derrière, plutôt ?"
Mika me regarde, accablé. Sortir par derrière ? Se farcir tout le tour du pâté de maisons pour aller à l'arrêt des cars ? Il secoue la tête :
"N'importe quoi !"
Puis il me plante là et se dirige vers le hall, en râlant :
"Ch'ais pas, mais t'es vraiment trop bizarre, toi ! T'as un problème, non ?"
Ben non, pas *un* problème. *Deux*...
Deux "problèmes" qui m'attendent à la grille. Deux gros problèmes, bien teigneux, bien musclés. Manu Bernaud et Thibaut Jarrel, de la 3e 7.
Ces sinistres crétins qui ont transformé ma vie en cauchemar, depuis bientôt trois mois. Un cauchemar dont je ne peux parler à personne. Même pas à Mika, et pourtant je voudrais tellement courir après lui, lui expliquer, tout déballer. Rien à faire. Je ne peux pas. Parce que, si je parlais...

Tout a commencé juste après Noël. J'avais eu un super jeu pour ma console. *Devil's Battle III*. Un truc d'enfer, j'en rêvais depuis des mois. À la rentrée, je l'ai apporté au collège, pour le montrer à mes copains. Au portail, le soir, il y avait ce grand, Thibaut. Je ne lui avais jamais parlé. Normal, c'est un troisième. Il m'a fait signe, l'air sympa:
"Eh, toi ! Oui, toi, le sixième ! Viens voir !"
Il m'avait entendu parler du jeu, à la récré. Il m'a demandé à combien de joueurs on pouvait s'en servir, si c'était mieux que le un et le deux, tout ça. Son copain Manu est arrivé pendant qu'on discutait. C'est lui qui a lancé :
"Eh, ce serait super sympa que tu nous le prêtes ! Juste ce soir, pour essayer..."
Moi, je n'étais pas trop d'accord. Je ne les connaissais pas. En plus, les jeux, c'est fragile et c'est cher. Mais Manu a insisté, avec un sourire qui mettait mal à l'aise. Thibaut voyait que j'hésitais, alors il a sorti un papier de sa poche. Il m'a dit :
"Tiens, regarde : c'est la liste de tous mes jeux. Si tu nous files le tien ce soir, moi, demain, je t'en prête deux pendant une semaine. Ceux que tu voudras !"

Ça paraissait honnête.
Ça *paraissait* seulement...

Le lendemain, quand je suis allé leur réclamer mon jeu, à dix heures, Thibaut m'a regardé, surpris. Puis il a laissé tomber :
"Ton jeu ? Quel jeu ?"
Je me suis senti gelé, d'un seul coup. Comme si je me changeais en glaçon. Un gros glaçon imbécile qui répétait d'une petite voix :
"Ben... mon jeu, quoi ! Mon jeu..."
Manu a fait, comme ça :
"Qu'est-ce qu'il a, le nain ?
– Il paraît qu'il nous a passé un jeu... T'es au courant, toi ?
– C'est quoi, cette histoire ?"
C'était trop. J'ai crié :
"Si ! Je vous ai filé *Devil's III*, hier, à cinq heures. Rendez-le moi !"
Manu a froncé les sourcils.
"Tu veux nous dire quoi, là ? Qu'on est des menteurs ?"
Personne ne m'avait jamais regardé comme lui, avec cette haine. Pour la première fois de ma vie, j'ai eu peur. Je veux dire une vraie peur. Comme dans les films d'horreur, sauf que ça m'arrivait à moi. À moi tout seul.
Et que le monde entier s'en foutait, tout autour de moi.
Manu a posé sa main sur mon épaule. J'étais comme un rat hypnotisé par un serpent. Impossible de bouger, de parler. Il a approché de moi sa sale face.
Tout près. Il a chuchoté :
"Le jeu, tu l'oublies. Et puis, tu vas nous en ramener d'autres, des cadeaux, hein ? Plein d'autres ! Parce que sinon..."
Thibaut m'a fait un clin d'œil. Il a ajouté :
"Tiens, pour commencer, demain, tu nous fileras *Devil's I*. N'oublie pas. Et t'avise pas d'en parler à quelqu'un... Ça risquerait de m'énerver..."
Il a abaissé son regard, lentement. Moi aussi.
Il faisait sauter un cutter dans sa main.

J'ai donné *Devil's I*. *Devil's II*. Tous mes jeux de "battle", l'un après l'autre.

Après, ils ont voulu de l'argent. Toutes mes économies y sont passées.
Ensuite, il a fallu chercher ailleurs... J'ai perdu la monnaie des courses. J'ai volé de l'argent à ma grand-mère. Et ma grand-mère, elle est sacrée, je l'adore plus que tout. J'ai fait les poches de mon père, de ma mère. J'ai même piqué de l'argent à Mika, un jour où j'étais dans sa chambre !

Depuis, je me déteste. D'avoir autant la trouille. De ne pas arriver à parler à quelqu'un. Quoi que je fasse, j'ai Thibaut et Manu imprimés dans la tête. Comme de sales tiques qui pompent toute mon énergie, tout mon courage. Qui ne me laissent que des trucs de pauvre nul : sortir du collège par derrière, juste pour ne pas tomber sur *eux*.
Parce que ce soir, je devais leur porter ma console. Rien que ça !
Je ne veux pas.
Mais repousser d'un jour, ça ne me donnera même pas de répit, au contraire.
Je vais rentrer avec la peur au ventre, l'envie de vomir qui ne me lâche plus.
Je ne vais pas fermer l'œil de la nuit. Demain, comme un pauvre crétin que je suis, je la débrancherai, ma console.
Je m'en fous, après tout : je n'aime même plus les jeux !
À cause de ces minables, je suis devenu un voleur, un menteur. Un lâche.
Un plus minable qu'eux.

Je marche dans la rue Molière, tête baissée, les larmes aux yeux. Soudain, j'entends quelqu'un courir derrière moi. Ça y est, *ils* sont là, *ils* m'ont retrouvé ! Une main tire brutalement la courroie de mon sac. Mes oreilles bourdonnent. J'ai peur. Mais c'est la voix de Mika, haletante, qui dit :
"Pfff ! J'en peux plus, j'ai couru trop vite ! Pfff ! Dis, t'avais pas l'air bien, tout à l'heure. Alors, sérieux, t'as un problème, ou quoi ?"
Et c'est ma voix, mal assurée, qui répond :
"Ben, non, pas *un* problème... *Deux* !"

Que signifie le mot "racket" ?

Le sens des mots

Le racket, c'est ce que le code pénal appelle de l'extorsion, ou vol avec violence. Le racketteur exige de sa victime de l'argent, des objets ou des vêtements en lui faisant très peur. Il peut aussi l'obliger à commettre certains actes. Pour cela, il utilise la force physique, la menace ou le chantage. C'est un délit, il est donc puni par la loi. Dans les vieux dictionnaires, on ne trouve pas ce mot. Il apparaît à Chicago (aux États-Unis) vers 1920. Mais si le mot est récent, le fait de terroriser quelqu'un pour obtenir quelque chose est, lui, vieux comme le monde.

L'extorsion
C'est le fait d'obtenir de sa victime par la violence, la menace de violences ou sous la contrainte, de l'argent ou un bien. Les personnes coupables d'extorsion risquent une peine de prison de sept ans et une amende de 700 000 francs.

Un mot anglais
En anglais, le premier sens du mot racket est vacarme, tintamarre. Le deuxième sens est escroquerie. C'est dans ce sens qu'on emploie le mot racket en France. C'est donc un mot que la langue française a emprunté à l'anglais.

Ils sont plus forts, comment se défendre ?

La loi de la jungle

Certains sports tels que le judo ou l'aïkido apprennent à utiliser la force d'un adversaire pour la retourner contre lui. Et surtout, ils aident à maîtriser sa peur. On se sent mieux dans son corps et cela se voit. Bien sûr, c'est à l'enfant de juger s'il a les moyens de résister à ses agresseurs. Crier ou parler fort peut parfois suffire à les effrayer et à alerter les gens. Mais, quelquefois, c'est mieux de "laisser tomber". L'idéal est d'éviter d'être seul et de faire le chemin de l'école avec des copains.

La raison du plus fort
L'agneau se fait toujours manger par le loup et, comme le dit La Fontaine, "la raison du plus fort est toujours la meilleure"... dans le monde animal. C'est ce qu'on appelle la loi de la jungle. Le plus fort mange le plus faible.

"L'homme est un loup pour l'homme"
Cette phrase de Plaute, un poète latin du IIIe siècle av. J.-C., signifie que l'homme peut parfois se comporter sauvagement envers d'autres humains.

Mais la société humaine est fondée sur l'interdit de la violence. Et les lois sont établies pour faire respecter cet interdit.

J'ai peur de parler

La loi du silence

Dans le milieu du banditisme, c'est "l'omerta" – la loi du silence – qui règne. Celui qui parle à la police se met hors la loi de sa bande. Pourtant, il doit obéir à la loi de la société qui oblige à dénoncer un crime ou un délit dont on est le témoin. Ne pas le faire peut conduire à être accusé de complicité. En cas de racket, dénoncer n'est pas trahir ses camarades. Connaître les menaces des racketteurs et ne rien dire permet à ceux-ci de continuer à terroriser des enfants sans que les adultes puissent les en empêcher.

Un silence criminel
En 1995, à Thiais, un jeune homme est torturé par une bande. Une vingtaine de jeunes "assistent" à la scène. Personne ne parle, pas même la victime. Mais la police reçoit des photos. Les coupables de plus de 16 ans sont condamnés à la prison. Les "spectateurs" sont condamnés à des peines de prison avec sursis pour non-dénonciation de crime et non-assistance à personne en danger.

Peine avec sursis
Cela signifie que la peine est remise à plus tard. Le sursis est accordé en cas de premier délit uniquement. Le condamné n'effectue pas sa peine, mais s'il commet un nouveau délit, même moins grave que le premier, il effectuera les deux peines, celle pour son premier délit et celle pour le deuxième.

Qu'est-ce qu'une "balance" ?
Parfois, des délinquants arrêtés par la police dénoncent d'autres délinquants. Dans la langue des malfaiteurs, on les appelle "balances", "indics" ou "cousins". En échange de ces renseignements qui les aident à résoudre des affaires, les policiers et les juges sont parfois moins sévères.

Si j'obéis, me laisseront-ils tranquille ?

Le piège du chantage

Une fois que l'on a cédé au racket, il devient très difficile de faire marche arrière. Les racketteurs savent désormais qu'ils sont les plus forts. Ils recommenceront et exigeront sans doute davantage. Quelquefois, ils obligent leurs victimes à faire des choses interdites (voler les parents ou dans les magasins). Comme c'est honteux, le dire devient de plus en plus difficile. C'est pour cela qu'il est très important de parler rapidement. Nul n'est coupable d'avoir été racketté, c'est le racketteur qui sera sanctionné.

Le chantage
On fait "chanter" une personne en menaçant de révéler des secrets qui pourraient lui nuire, ou en racontant des mensonges à son sujet (cela s'appelle diffamer). La victime "paye" le silence du "maître chanteur" avec de l'argent ou en lui rendant des services.
Le chantage comme la diffamation sont sévèrement punis par la loi.

La honte
Une personne rackettée se sent parfois aussi honteuse que si elle était elle-même coupable. On se sent humilié d'avoir été faible. On a une mauvaise image de soi, comme si l'on ne valait plus rien.

Si je les dénonce, que leur arrivera-t-il ?

Le droit et les enfants

Une fois prévenus du racket, les adultes parlent aux parents de l'enfant qui a racketté. Quelquefois, l'enfant est puni dans le cadre de l'école. Si l'on porte plainte, il ira devant le procureur qui enquêtera puis décidera (ou non) de le poursuivre en justice, donc de l'envoyer devant le juge des enfants. Beaucoup de mesures sont possibles : la réparation, l'admonestation, la remise aux parents ou à un éducateur, le placement en centre spécialisé...

Le travail d'intérêt général ou TIG
C'est un travail non payé pour le bien-être de la collectivité, auquel un jeune de plus de 16 ans coupable d'un délit peut être astreint. C'est une manière de lui faire comprendre qu'il fait partie de la société et que ses actes comptent : ils peuvent nuire mais aussi servir. Dans les cinq dernières années, cette mesure a connu une hausse de presque 100 %.

L'admonestation
Cette mesure est prononcée par le juge des enfants en présence de l'enfant et de ses parents. Le juge fait des reproches très sérieux à l'enfant, en lui expliquant que s'il recommence, il risque de très gros ennuis.

La réparation
Si la victime veut bien pardonner, l'agresseur peut réparer sa faute directement. Il présentera ses excuses et la dédommagera. La réparation est une mesure éducative. L'enfant montre ainsi qu'il accepte les lois de la société et qu'il y a bien sa place. Cette mesure date de 1993 (article 118 de la loi du 4 janvier 1993) et est appliquée à près de 80 % des enfants délinquants.

Pourquoi rackettent-ils ?

L'éducation

Certains jeunes voient les adultes, quelquefois leurs propres parents, être violents. Cette violence exprime le désespoir et la colère d'être laissé de côté, pauvre et sans avenir, dans une société riche. Sans moyens pour dire sa révolte, on s'exprime en faisant souffrir à son tour un plus faible que soi. C'est une manière d'exister, de se sentir fort, d'avoir du pouvoir. Pour certains, la seule manière d'appartenir à ce monde est d'obtenir un objet de marque ou le dernier gadget à la mode. La violence leur semble alors la seule façon d'obtenir ce que la publicité et les journaux mettent en avant, et qui les fascine.

Les bandes
Au sein d'une bande, on se sent fort, protégé. Même si l'on est rejeté par sa famille, l'école ou la société, on compte pour le reste de la bande.
En groupe, on sait qu'on fait peur. On devient un caïd dans le quartier, parfois même une vedette, pour peu qu'on "passe à la télé" ou dans les pages de faits divers des journaux.

Chanson du petit frère
"À 13 ans, il aime déjà l'argent avide / Mais les poches sont arides, alors on fait le caïd [...] Petit frère rêve de bagnoles, de fringues, de tunes / De réputation de dur, pour tout ça, il volerait la lune / Il collectionne les méfaits sans se soucier / Du mal qu'il fait, tout en demandant du respect." *IAM*

La "dépouille"
La dépouille se pratique notamment dans le métro parisien. Une bande repère une personne seule qui porte un vêtement ou possède un objet qui lui plaît. Elle l'entoure et l'oblige à donner ce qu'elle convoite. Cela ressemble à du racket sauf que les racketteurs ne connaissent pas leur victime et ne la reverront sans doute pas.

Pourquoi y a-t-il de la violence à l'école ?

L'école dans la société

L'école n'est pas séparée de la ville, elle en est le reflet. La vie hors de l'école est parfois très dure. Les enfants ne laissent pas leurs problèmes à la porte du collège avant d'y entrer. Et ils n'ont pas toujours les mots pour dire leur souffrance. La violence est alors un moyen de se faire entendre, de demander de l'aide. L'école aussi est violente. Être dans une classe dite de "nuls" ou se faire traiter de "bouffon", c'est se voir une fois de plus refuser une place dans la société.

Le respect
Respecter l'autre, lutter contre le mépris, ce peut être tout simplement l'accueillir chaque matin. Dire bonjour, c'est reconnaître qu'il existe et qu'il est une personne digne d'être saluée. Dans certains collèges, les chefs d'établissement accueillent chaque matin leurs élèves.

La violence ordinaire
Insultes, injures, impolitesses diverses font partie du quotidien de l'école. Même si elles paraissent peu graves, elles entraînent de fait une mauvaise ambiance et peuvent dégénérer en violences physiques.

Cette violence "ordinaire" est ressentie dans 48% des établissements scolaires et à 81% dans les zones dites "sensibles".

La prévention

Dans certains collèges, une heure par semaine est consacrée à parler des difficultés quotidiennes. Une fois les malaises exprimés, ils sont partagés et en partie résolus. À Marseille, par exemple, les élèves mais aussi leurs familles ont rempli un questionnaire sur la violence. Mettre ses mots en commun, c'est déjà mieux se comprendre. Créer des lieux où, après l'école, les enfants peuvent se faire aider pour les devoirs ou simplement discuter avec des adultes disponibles permet à tous de retrouver confiance dans le dialogue.

Le règlement
Le règlement intérieur d'une école, c'est l'équivalent de la loi pour la société. Les élèves sont de plus en plus associés à sa rédaction. En participant à l'élaboration des règles du jeu, ils comprennent mieux quels sont leurs droits et leurs devoirs, et ce qu'ils risquent en cas de non-respect du règlement. Expliqué et discuté entre les élèves et les enseignants, il doit être affiché à plusieurs endroits de l'école.

Des "assistants de vie"
Une partie des 30 000 emplois-jeunes a été nommée dans les collèges ainsi que 8 000 adjoints de sécurité pour surveiller, par exemple, les sorties.

Du théâtre contre la violence
Les élèves du lycée Jules-Verne de Cergy mettent en scène leur quotidien. Dans la salle, élèves, profs et conseillers d'éducation proposent, en toute égalité, des solutions aussitôt jouées sur la scène.

Un phénomène récent ?

Les faits de violences dans les villes ont certainement augmenté. Les journaux, la télévision répercutent en les amplifiant ces événements. On peut avoir l'impression que le danger est partout, vivre avec un sentiment d'insécurité. Cependant, les chiffres rendent la réalité moins effrayante. En 1995, pour près de 13 millions d'enfants scolarisés, il y a eu 4 551 violences envers des élèves, dont 1 297 faits de racket, soit bien moins de 1 % (en 1990, 630 plaintes avaient été déposées). Mais bien sûr, chaque fois demeure une fois de trop et les victimes peuvent rester traumatisées longtemps.

Le "chiffre noir"
Tout le monde ne porte pas plainte. La police ou la justice ne sont donc pas au courant de tous les délits et infractions commis. Leur nombre réel est inconnu, c'est ce qu'on nomme le "chiffre noir".
En 1987, le rectorat de Paris reconnaissait n'avoir été averti que de six cas de racket !

Entre le 21 février et le 30 avril 2000, 2 971 cas de racket avaient été signalés à Jeunes Violence Écoute.

La violence et les enfants
En 1997, une personne sur cinq mise en cause dans des délits – c'est-à-dire responsable ou complice d'un acte ne respectant pas la loi – avait moins de 18 ans.

L'histoire

Après la Première Guerre mondiale, dès 1919, le gouvernement des États-Unis interdisait l'alcool; c'était la "prohibition". Des bandes de malfaiteurs l'introduisaient en cachette dans le pays. Puis, ils obligeaient par la menace les patrons des bars clandestins à acheter leur alcool illégal, plutôt que celui des gangs concurrents. Ce trafic rapportait beaucoup d'argent. La "prohibition" fut supprimée en 1933. Le chef de gang Al Capone et "l'incorruptible" Elliot Ness sont deux personnages célèbres de cette période.

Le racket de la "protection"
Un commerçant, par exemple, doit donner une part de l'argent qu'il gagne à des gangsters qui "protégeront" son commerce contre d'autres malfaiteurs. Ce sont souvent les mêmes qui détruisent la boutique, quand le commerçant refuse, mais prétendent le "protéger", s'il paye.

Citoyens contre le racket
En Sicile, des commerçants de Capo d'Orlando sont victimes de tentatives d'extorsion de la part des membres de la Mafia. Brisant le fatalisme et la loi du silence, ils fondent en 1991 une association, l'Acio.

En 1993, les racketteurs sont condamnés à plusieurs années de prison.

alcool
12%
AL COOL
45%

LES LIVRES

Max a été racketté

Max s'est fait voler son vélo par des grands. Ils le lui rendront s'il leur donne de l'argent. Max finit par en parler à son copain Jérôme. Mais les deux enfants sont terrorisés. Max commence à voler de l'argent à ses parents, sa sœur Lili s'en aperçoit...

“ Jérôme – Alors ?
Max – C'est encore pire... je leur ai donné 100 F.
Jérôme – Et ils ne t'ont pas rendu le vélo ?
Max – Et en plus, ils veulent 100 F chacun... Tu te rends compte ?
Jérôme – Mais comment tu fais ? Tu voles tes parents ?
Max – Ben... euh... oui ! Tu as une autre idée ? ”

• *Max a été racketté*, Dominique de Saint-Mars et Serge Bloch, Calligram.

La honte de la victime

Tous les matins, Abdel, un petit garçon grand et costaud, exige que le héros lui donne son pain au chocolat. Celui-ci ne sait pas comment réagir, mais tout se terminera par une nouvelle amitié.

“ Lui ne me disait jamais merci. Juste :
– Tu n'as pas intérêt à oublier, demain...
Comment j'aurais pu oublier ? J'avais bien trop peur. Mais ça ne pouvait durer, il fallait que je trouve une solution. Je ne pouvais rien dire à personne. J'avais trop honte. Pourtant c'était Abdel le voleur. Mais c'était comme ça. C'était moi qui avais honte. ”

• *Donne-moi ça, sinon...*, Thierry Lenain et Boiry, Rouge & Or.

Le piège du chantage

" Virgile mâchonnait nerveusement son crayon, épouvanté par les chiffres étalés sous ses yeux. Trente francs par jour. Il y avait à peu près vingt jours de classe par mois. Cela faisait... Six cents francs chaque mois ! Où trouver ça ? et comment ? "

• *Le Vampire de l'abribus*, M.-S. Roger et R. Barborini, Épigones.

Maîtriser sa peur

Hammerman est un dur, il terrorise Souriceau qui s'efforce de ne pas céder à la panique.

" Souriceau avait lu quelque part que les animaux se ruent à l'attaque quand ils sentent l'odeur de la peur - tellement elle les dégoûte. Il était sûr que sa peur empestait toute la cage d'escalier. Il avait l'impression d'être sur le point de suffoquer. Cas d'urgence numéro quinze : en cas de panique, le corps n'en doit rien connaître. "

• *Souriceau et la Grande Terreur*, Betsy Byars, Nathan.

Céder ou résister ?

Dans cette école anglaise, une élève, Mélanie Prosser, a la réputation d'être féroce. Lucy devient sa proie...

" "Depuis qu'elle s'était mise au lit, elle avait essayé de prendre une décision. Espérer que Mélanie lui ficherait la paix ? Apporter quelques petits cadeaux et espérer que tout serait fini ?"

Heureusement, Lucy n'est pas seule. Son ami Angus la soutient et lui conseille de ne pas céder.
"Mais comment réagirait Prosser si elle n'apportait rien demain matin ? Elle lui ferait un peu mal ? Lui dirait des méchancetés ? Pas grand-chose d'autre. C'était ça le problème. La plupart des enfants cédaient aussitôt, rien qu'à l'idée de ce que Prosser était censée leur faire subir. Tout ça à cause des histoires qui couraient sur elle. Mais si elle n'apportait rien la première fois, il était plus que probable que Prosser se chercherait une autre tête de Turc, non ? "

Les parents de Lucy, Jack et Sarah, finissent par être au courant et cherchent ce qu'ils peuvent faire. Sarah, la maman de Lucy, est prête à aller voir les parents de Mélanie Prosser :
"Au moins, si je ne peux rien faire à l'école, je peux faire quelque chose en ce qui concerne les parents. Je peux aller les voir et leur parler ? Leur raconter ce qui se passe. Leur demander quelles mesures ils comptent prendre."
Le père de Lucy doute.
"Peut-être qu'ils le savent. Peut-être que c'est ce genre de parents qui se fichent pas mal de ce que font leurs enfants. Alors ?"
Mais Sarah, inflexible, reprit :
"Alors il faudra réussir à les persuader. Du moins faut-il les mettre face au problème." ”
• *Racket*, Aidan Chambers, L'École des loisirs.

En parler pour briser la loi du silence

Les petits sont démunis face à la bande de Maxidurs menée par le terrible Pédro. Mais cette fatalité de la loi du plus fort n'aura qu'un temps. L'astuce et l'intelligence des petits feront mieux que la force brute.

« "Et personne ne fait rien ?

– Personne ne dit rien, donc personne ne fait rien.

– Les gosses, ils racontent rien aux parents ?

– Non, ils ont peur des représailles. Tu comprends, un petit de sixième, quand un grand lui dit : "Si tu parles, on te massacre à la sortie !", ben il la boucle.

– Et puis, ils font gaffe, Pédro et Martial, ils s'en prennent pas longtemps au même, ils changent !

– Mais justement, ceux qui ont été victimes, ils pourraient s'associer, ils seraient plus forts !

– Il fait pas comme ça, Pédro. Quand il a fini de racketter quelqu'un, il le prend dans sa bande et l'autre, il est tout content d'en faire baver à son tour à des plus petits." »

• *Mini Max et les Maxidurs*, Roselyne Bertin, Rageot-Éditeur.

1945-1996 : ON ESSAIE L'ÉDUCATION, PUIS ON FINIT PAR LA PUNITION

Depuis 1945, les enfants délinquants sont avant tout des enfants à rééduquer

Depuis 1945, la loi considère que l'enfant délinquant est davantage un enfant qui a besoin d'être rééduqué qu'un adulte en miniature qu'il faut punir. Ce qui compte, c'est ce qu'on appelle "l'intérêt de l'enfant". Pour cela, le magistrat cherche à savoir comment vit l'enfant (sa famille, son milieu social) et s'il a des problèmes particuliers (il doit alors voir un médecin et un psychologue). Le juge décide de prendre surtout des mesures éducatives. Les sanctions pénales ne sont décidées que si des mesures éducatives ont déjà été prises sans succès. Elles sont réservées aux cas graves ou aux enfants qui ont commis plusieurs délits (les récidivistes).

Avant l'âge de 13 ans, un enfant n'est pas pénalement responsable. Autrement dit, il peut être reconnu coupable, mais ne peut pas subir de peine (amende, prison). À partir de 13 ans, l'enfant est responsable pénalement. Il peut subir des peines, mais en cas de faits graves seulement. Ces peines seront diminuées de moitié par rapport à celles que risque un adulte. Pour les délits moins graves, le juge continue de choisir des mesures éducatives. De 16 à 18 ans, et uniquement si les mesures éducatives ont échoué, le juge peut appliquer les mêmes peines que pour un majeur, mais c'est assez rare.

En 1987, des éducateurs assistent les mineurs délinquants

Cette année-là, on décide de créer un Service éducatif auprès de chaque tribunal pour enfants, le SEAT. Les éducateurs se renseignent sur l'enfant, le questionnent. Ensuite, ils doivent écrire un compte rendu et proposer une mesure adaptée à sa situation. Ce rapport est donné au juge et doit l'aider à prendre une décision.

L'avis du SEAT est obligatoire.

1993 garde à vue ?

1996 jugement plus rapide...

La garde à vue

Jusqu'en 1993, la loi qui autorise la police à garder quelqu'un au commissariat ne faisait pas de différence entre un mineur et un majeur. Maintenant, pour garder "à vue" un mineur de plus de 13 ans, il doit exister des faits qui laissent penser à la police qu'il a commis un délit. On ne peut pas le garder plus de dix heures. Le mineur a le droit de prévenir tout de suite sa famille, de voir un médecin et de parler à un avocat.

En 1993, on renforce les droits des enfants...

De 13 ans à 16 ans, même en attendant d'en savoir plus sur les faits qu'on lui reproche, on ne peut plus mettre en prison un mineur. S'il a plus de 16 ans, la "détention provisoire" doit être exceptionnelle, c'est-à-dire justifiée par des faits graves.

... et on crée une mesure plus souple

La médiation-réparation consiste pour le jeune délinquant à réparer le tort qu'il a fait à sa victime. Si la victime ne le veut pas, le magistrat proposera au délinquant de remplir une tâche qui aide la communauté. Un jeune délinquant a, par exemple, appris à des plus jeunes à jouer aux échecs. Il comprend ainsi que ses actes portent à conséquence pour sa victime mais aussi au sein de la société. Si cette mesure se déroule bien, le juge peut abandonner les poursuites.

En 1996, une loi décide de lutter plus sévèrement contre la délinquance des jeunes

Avant la loi de juillet 1996, il fallait enquêter sur l'enfant avant de pouvoir le juger. Entre le délit et le jugement, il pouvait s'écouler plusieurs mois. La loi de juillet 1996 a décidé que si un délinquant était déjà connu par la police, l'enquête était déjà faite. Si l'on est certain que c'est lui qui a commis le délit, on peut le juger presque tout de suite. Mais ce jugement plus rapide risque aussi d'être beaucoup plus sévère.

••• 1996, une loi

Délais d'enquête trop courts

Loi de juillet 1996,
Deux nouveautés :
La convocation par officier de police judiciaire et la comparution à délai rapproché.
Le juge des enfants ne fait donc pas de nouvelle enquête, sauf si la précédente ne lui suffit pas. Il a de un à trois mois pour rendre son jugement.

Depuis quelques années, les juges sont déjà beaucoup plus sévères. À l'Assemblée nationale, une députée, Mme Frédérique Bredin, se plaint de l'attitude des juges :
"[...] les détentions provisoires sont en nette augmentation, alors que cette mesure doit rester exceptionnelle [...]. Comme vous le faisiez vous-même remarquer [...], les tribunaux pour enfants prononcent majoritairement des sanctions pénales [...]. Depuis cinq ans, un tiers de mineurs de plus ont été emprisonnés.
[...] Vous allez, vous voulez, renforcer les sanctions pénales."
Pour cette députée, la nouvelle loi ne permet pas une bonne défense de l'enfant.
La loi proposée accroît cette sévérité : l'enfant devra être jugé très vite. On n'aura donc plus le temps d'enquêter sur sa vie personnelle. Or, on sait que les jugements rendus rapidement après le délit sont beaucoup plus sévères.
"L'expérience des flagrants délits est là pour le confirmer : plus le jugement est proche, plus la sanction est lourde. Pour les mineurs, c'est contradictoire avec le temps nécessaire à une étude

propose d'être plus sévère avec les enfants

convocation judiciaire

sociale de leur environnement et à une enquête précise sur leur personnalité."

Assemblée nationale, séance du 27 mars 1996

Un sénateur demande que la justice soit impitoyable pour les récidivistes.

Monsieur Christian Demuynck :

"Cinquante ans de priorité éducative face à la délinquance ont ancré une minorité de jeunes dans la certitude qu'ils n'ont rien à craindre de la justice. [...] Si nous voulons que la délinquance des mineurs diminue, nous devons tout faire pour que les primo-délinquants soient encadrés, aidés, soutenus [...]. Pour les autres, ceux qui cassent, pillent, rackettent, ceux qui récidivent, il faut être impitoyable et donner à la justice, sans hésitation et sans complexe, tous les moyens juridiques de les empêcher de gangrener la société. Il y va de l'avenir de la sécurité publique et de la paix sociale dans notre pays."

Sénat, séance du 14 mai 1996

Pourtant, une avocate spécialiste des mineurs s'inquiète...

Maître Marie-France Ponelle (Antenne des mineurs à Paris) a été invitée à exposer son point de vue devant les sénateurs.

"La loi risque de ne plus laisser le temps de réfléchir aux solutions éducatives : [...] auparavant, [le juge des enfants] pouvait prendre le temps de privilégier l'éducatif sur le répressif et d'organiser un programme éducatif."

Sénat, audition publique du 25 avril 1996

L'EUROPE

L'Europe parie sur l'éducation à la paix

Dans toute l'Europe, l'opinion publique, alarmée par des faits divers sensationnels, pense que le nombre des enfants délinquants ne cesse de croître et réclame davantage de sanctions. Les gouvernements multiplient les plans anti-violence et, parfois, réforment les lois, comme en France. Pourtant, des enquêtes montrent que la grande violence augmente peu et que mettre en prison un mineur le fait sombrer dans la délinquance, quelquefois pour la vie.
On sait par exemple que, parmi les élèves, seulement 2 % sont considérés comme violents, ce qui est peu. L'urgence est plutôt de mettre en place des programmes de soutien qui évitent de glisser d'une mauvaise ambiance quotidienne à des passages à l'acte plus graves. Dans ce but, certains pays de l'Union européenne s'associent sur des projets communs. Ils cherchent à résoudre les conflits avant qu'ils ne se transforment en violences.

BELGIQUE ESPAGNE FRANCE FINLANDE

Belgique, France, Italie, Pays-Bas
"Devenir son propre médiateur"
Ce programme s'adresse aux élèves des écoles élémentaires (8-10 ans). Guidés par leurs enseignants, les enfants choisissent quelques élèves qui serviront d'intermédiaires en cas de conflit. Une façon d'apprendre que la parole est plus efficace que la violence pour venir à bout des rivalités.
Pour avoir plus d'informations, écrire au 14, avenue Berthelot
69363 Lyon cédex 07
04 72 72 64 00
GLYSI-Université Lumière- Lyon II .

Belgique, France, Italie...
"Comprendre les différentes cultures pour mieux s'entendre"
Ce projet s'adresse aux jeunes d'origine étrangère ayant un passé de délinquance et qui ont quitté l'école. En connaissant mieux leurs cultures d'origine, on peut établir un dialogue sans préjugés et construire des pédagogies mieux adaptées afin qu'ils sortent de leur ghetto et deviennent des citoyens qui ont leur place dans la communauté.
Pour avoir plus d'informations, écrire ou téléphoner au DSI

(Dispositif de socialisation et d'intégration)
510, avenue de Barcelone,
34080 Montpellier
Tél. : 04 67 40 59 23
Fax : 04 67 75 20 41

De Barcelone à Helsinki, en passant par Montreuil,
"Le Forum européen pour la sécurité urbaine" regroupe une quarantaine de villes de toute l'Europe. Un site Internet a été créé : www.urbansecurity.org.
Les élèves des différents pays y partagent leurs expériences concrètes... et leurs solutions. On y trouve aussi des jeux et des histoires destinés aux enfants.
Pour avoir plus d'informations :
Forum européen pour la sécurité urbaine,
38, rue Liancourt, 75014 Paris
Tél. : 01 40 64 49 00
Fax : 01 40 64 49 10

ITALIE PAYS-BAS UNION EUROPÉENNE

Finlande
Hanko est une ville de 11 000 habitants. Les jeunes y représentent 21 % de la population, mais sont responsables de 68 % des crimes et délits. La commune a misé sur la prévention : patrouille à pied la nuit, soins fournis par la ville aux enfants, activités communautaires et programmes de formation professionnelle avec les jeunes... En deux ans, la délinquance a diminué de 41 %.

L'Union européenne
regroupe quinze nations d'Europe qui ont une monnaie commune, l'Euro, mais surtout des lois qui doivent l'emporter sur les lois propres de chacun des pays membres.

La première des violences :
être obligé de travailler au lieu d'aller à l'école

L'article 28 de la Convention internationale sur les droits de l'enfant signée par 191 pays affirme le droit de l'enfant à l'éducation et réclame l'enseignement primaire obligatoire et gratuit pour tous.

En réalité, près de 250 millions d'enfants travailleraient, parfois avant l'âge de 6 ans. Certaines familles sont si pauvres que le travail de leurs enfants est indispensable pour assurer leur survie. Les enfants travaillent en très grande majorité dans l'agriculture, ainsi que comme domestiques. Certains tissent des tapis en Asie, travaillent dans des mines en Amérique latine ou en Afrique...
Ce fléau touche aussi l'Europe. Des enfants de 12-13 ans font des "petits boulots" avant et après l'école. Ce travail supplémentaire nuit à leur santé et à leur scolarité. Bien qu'aller à l'école soit un droit, pour la plupart des enfants, c'est un rêve inaccessible. La première des violences est donc celle que le monde des adultes fait subir aux enfants.

L'article 138 de l'Organisation internationale du travail (OIT).

L'OIT fixe à 15 ans l'âge à partir duquel des mineurs peuvent travailler. Mais cette limite varie selon les pays en fonction de l'âge jusqu'auquel l'école est obligatoire. En France, cet âge est fixé à 16 ans. Et ce n'est qu'à partir de 18 ans qu'un jeune peut occuper un emploi pouvant présenter des dangers pour sa santé, sa sécurité ou sa moralité.

De nombreux organismes ou associations luttent contre le travail des enfants.

Il existe un programme international pour l'abolition du travail des enfants : l'IPEC (Programme international pour l'éradication du travail des enfants) qui regroupe au sein de l'OIT, des organismes gouvernementaux et des organisations non gouvernementales pour lutter contre ce fléau.
Tél. : + 41 22 799 81 81 - Fax : + 41 22 799 87 71
www.ilo.org/public/french

Asie du Sud

Un quart des enfants de la planète vit dans cette partie du monde. Une fille a 20 % de chances de moins qu'un garçon d'aller à l'école primaire.
Le travail des enfants est le principal obstacle à l'éducation.

Sri Lanka

Ce pays est en guerre civile depuis plus de dix ans. À l'école primaire, une leçon classique commence par de la méditation puis on aide les enfants à résoudre des conflits. Pour cela, on les incite à exprimer leurs émotions à travers des histoires, des chansons ou des poèmes.

Afrique sub-saharienne

Depuis les années 1960, le nombre des enfants qui vont à l'école a quadruplé. Pourtant, seule la moitié d'entre eux ont aujourd'hui accès à un minimum d'éducation. Dans les années 1980, en raison des guerres notamment, le nombre d'enfants scolarisés recula dans presque la moitié de ces pays.

États-Unis et Canada

Le droit des mineurs y est très sévère. La loi a choisi la tolérance zéro : toute infraction, même légère, doit donner lieu à une sanction. L'opinion publique, alertée par des faits divers tragiques, réclame plus de répression. Dès 16 ans, les mineurs peuvent être transférés devant les tribunaux pour adultes. Au Canada, le nombre de mineurs condamnés à la prison est deux fois plus élevé qu'aux États-Unis et dix fois plus que dans de nombreux pays d'Europe. En 1992-1993, 40 % des jeunes condamnés étaient des récidivistes. Aux États-Unis, certains jeunes, mineurs au moment de leurs crimes, ont subi la peine de mort une fois majeurs, après quelques années de prison.

Caroline du Nord (États-Unis)

En 1996, à Durham, un tribunal d'un nouveau genre est né : le tribunal des jeunes. Il fonctionne comme un vrai tribunal à cette différence que le procureur, les jurés et les avocats sont des jeunes. Seul le juge est un adulte. On y a jugé cinquante et un enfants dont c'était le premier délit. Seulement deux d'entre eux ont récidivé.
Les peines vont des excuses écrites à des travaux pour la communauté.

Canada

La ville d'Ottawa a mis en place un programme pour des enfants défavorisés d'une cité. Des activités parascolaires gratuites telles que la natation, le judo, la danse, le scoutisme... leur étaient proposées. Le plus important effet enregistré a été une réduction de 56 % de la délinquance.

ADRESSES

Voici où se renseigner pour continuer des recherches…

En cas d'urgence…

SOS VIOLENCES
0 801 55 55 00
Mise en place par le ministère de l'Éducation nationale, cette ligne téléphonique gratuite fonctionne jusqu'à minuit durant toute l'année scolaire.

JEUNES VIOLENCE ÉCOUTE
Appel gratuit
0 800 20 22 23
Ligne ouverte tous les jours de 8 h à 23 h pendant l'année scolaire. Les appels sont anonymes et confidentiels. On peut parler et être conseillé sans dire son nom ni celui de son établissement scolaire. Les informations recueillies sont totalement confidentielles. Le 0 800 20 22 23 peut être appelé de n'importe quelle cabine téléphonique sans carte ni monnaie.
Le numéro vert n'apparaît pas sur les factures détaillées de téléphone.

ALLÔ ENFANCE MALTRAITÉE
Appel gratuit 119 ou
0 800 05 41 41
On y répond aux jeunes en difficulté sur tous les dangers qu'ils peuvent rencontrer.

FIL SANTÉ JEUNES
0 800 235 236
Ce service téléphonique est ouvert toute l'année de 8 h à minuit.

ANTENNE DES MINEURS
place Dauphine,
75001 Paris
01 40 51 77 67 11
De 14 h à 17 h du lundi au vendredi, des avocats répondent aux mineurs et les défendent gratuitement. En province, on peut s'adresser à l'ordre des avocats ou à la mairie de sa ville.

En savoir plus sur les droits de l'enfant

UNICEF
3, rue Duguay-Trouin,
75282 Paris Cedex 06
01 44 39 77 26
www.unicef.org/french
On peut s'y renseigner de 14 h à 17 h sur les droits des enfants dans le monde. Un livret sur les droits de l'enfant a été publié à l'intention des 8-12 ans.

AMNESTY INTERNATIONAL
76, bd de La Villette,
75019 Paris
01 53 38 65 65
www.amnesty.org
On y trouve, entre autres informations, le texte (gratuit) de la déclaration universelle des droits de l'homme de 1948.

Mieux connaître les institutions françaises

ASSEMBLÉE NATIONALE
Documentation :
126, rue de l'Université,
75007 Paris
01 40 63 69 82
www.assemblee-nationale.fr

SÉNAT
Librairie :
20, rue de Vaugirard,
75291 Paris Cedex 06
01 42 34 21 21
www.junior.senat.fr

MINISTÈRE DE LA JUSTICE
SICOM (Service d'Information et de Communication)
13, place Vendôme,
75001 Paris
01 44 77 22 67

Dans ces trois lieux, on trouve des brochures gratuites.

À LA TÉLÉVISION

L'émission "Questions au gouvernement" diffuse en direct sur FR3 le mardi et le mercredi de 15 h à 16 h les débats de l'Assemblée nationale. Le mardi, à 14 h 50, toujours sur FR3, dix minutes sont consacrées aux travaux du Sénat.

Où trouver des informations sur la prévention ?

GASPAR

(Groupe académique de soutien et de prévention pour les adolescents à risques).
Rectorat de Lille
20, rue Saint-Jacques, BP 709, 59033 Lille Cedex
03 20 15 60 86/84
Fax : 03 20 15 65 25

Depuis 1988, le Gaspar forme à la prévention dans les collèges du Nord et du Pas-de-Calais.
Le même organisme a mis en place "Mieux vivre ensemble", un programme expérimental à destination des 8-10 ans et bientôt de la grande section maternelle.

Une expérience en direct sur Internet

Sur le site du GPCAR (Groupe de prévention des conduites à risques), on trouve de bons documents sur l'expérience réalisée dans le Jura au collège Jacques-Prévert.
www.cc-pays-de-gex.fr /edres01/colleges/ cosgpjap/gpcar/

Centre suisse de prévention de la criminalité,
Neuchâtel,
(032) 729 91 60. Dans le cadre de sa campagne "Unis contre la violence", ce centre propose plusieurs brochures pour les jeunes, les parents et les enseignants.
Environ 40 F.

Un film à regarder en classe

Le Silence de la peur
de Nasser Bakhti
Prix spécial du jury , section Jeunes, Festival de Cannes Junior 1999.

Pour se procurer ce film de fiction de 70 minutes, on peut s'adresser au réalisateur-producteur à :
Troubadour Films,
26 rue du Grand-Bureau,
CH-1227 Acacias/Genève
Tél : 41 22 343 63 36
Fax : 41 22 343 65 14
ou appeler le Centre suisse de prévention de la criminalité, à Neuchâtel.

LEXIQUE

Que veulent dire ces mots ?

A B C D E F G H I

A

Amende : Peine décidée par le juge qui oblige à payer une somme d'argent à l'État.

Admonestation : Moment où le juge convoque l'enfant dans son bureau et le gronde très sévèrement.

Assemblée nationale : Réunion des députés élus par les citoyens lors des élections législatives. Les députés y discutent et y votent les lois du pays.

C

Chantage : Fait d'obtenir, par la menace (de violence mais surtout de propos diffamatoires) de l'argent, des services ou des avantages.

Complicité : Participation au délit ou au crime commis par quelqu'un d'autre. La complicité peut entraîner une condamnation.

Contrainte : Violence à l'égard de quelqu'un. Pression physique ou morale.

D

Délinquant : Celui qui commet un délit.

Délit : Tout acte qui ne respecte pas la loi.

Député : Personne élue par le peuple pour le représenter à l'Assemblée nationale.

Détention préventive : Concerne celui qui est soupçonné d'être l'auteur d'un délit grave. Il sera emprisonné en attendant que l'enquête de police soit terminée. On ne sait pas s'il est coupable ou non. Il est détenu en tant qu'accusé, pas condamné.

Diffamation : Diffamer, c'est dire publiquement du mal d'une personne.

E

Escroquerie : On escroque quelqu'un en s'emparant de ce qui lui appartient par la ruse ou par le mensonge.

Extorsion : Ce crime consiste le plus souvent à prendre de l'argent à une personne de force ou sous la menace.

F

Flagrant délit : Lorsque quelqu'un est pris en train de faire un acte interdit par la loi, il est jugé très rapidement au tribunal, parfois dès le lendemain.

I

Infraction : Non-respect d'une loi.

M

Majorité civile : Âge fixé par la loi à partir duquel une personne a le droit de voter. En France, c'est 18 ans.

Majorité pénale : Âge fixé par la loi à partir duquel un adolescent est responsable de ses actes. En France, c'est 16 ans.

Menace : Parole ou geste montrant à une personne le mal qu'on va lui faire.

Mesures éducatives : Ce sont l'admonestation, la remise aux parents, le placement en institution, la médiation-réparation...

J K L M N O P Q…

Mineur : Toute personne qui n'a pas atteint l'âge de la majorité civile (18 ans en France) est mineure. En cela, sa responsabilité est atténuée.

P

Peine : Punition, châtiment.

Prévention : Dans le domaine éducatif, la prévention recouvre toutes les actions qui cherchent à résoudre les situations difficiles avant qu'elles ne posent des problèmes plus graves.

Prohibition : Prohiber signifie interdire. Aux États-Unis, c'est la période durant laquelle on a interdit la consommation de boissons alcoolisées.

R

Règlement : Dans une école, c'est un document écrit qui précise ce qu'il est possible ou impossible de faire au sein de l'établissement.

Responsabilité pénale : Dans certains cas graves, un mineur de plus de 13 ans peut être déclaré responsable de ses actes. À 16 ans, il sera pénalement majeur.

S

Sanctions pénales : Ce sont les peines qui punissent le non-respect des lois. Il y en a plusieurs : l'amende (on paie une somme d'argent), les travaux d'intérêt général qui consistent en activités bénévoles dans l'intérêt de la société, la peine de prison.

Sénat : Les 274 sénateurs ont pour mission de vérifier si les lois proposées par les députés à l'Assemblée nationale sont conformes à la Constitution de la République.

Sursis : Une peine de prison ou une autre condamnation sont dites "avec sursis" lorsque la condamnation n'est pas appliquée parce qu'il s'agit d'un premier jugement. Toutefois, si le condamné commet un nouveau délit, alors il devra subir et son ancienne et sa nouvelle peine.

Nous remercions chaleureusement toutes les personnes qui ont soutenu le projet, qui l'ont relu, qui nous ont conseillées, et tout particulièrement Catherine Mattéi.